使える！保育のあそびネタ集

ゲームあそび編

自由現代社

使える！保育のあそびネタ集 ゲームあそび編

もくじ

身体あそびゲーム

ジャンケンあそびゲーム

歌あそびゲーム

本書の内容と特長

◆バリエーション豊富なゲームあそび

　本書は、「身体あそびゲーム」「ジャンケンあそびゲーム」「歌あそびゲーム」の3つのテーマで、子どもたちが思いきり身体を動かしてあそべるゲーム、友だちと触れ合いながらできるゲーム、ジャンケンを用いたゲーム、歌に合わせてあそぶゲームなど、さまざまな角度から、保育現場ですぐに使えるゲームあそびをバリエーション豊富に紹介しています。室内、屋外それぞれでできるゲームあそびの他、伝承的なゲームあそびからオリジナルのゲームあそびまで、幅広く取り上げています。

　数人のグループで、またクラス全員でルールのあるゲームあそびをすることで、友だちと一緒にあそぶ楽しさや、友だちと協力し合う楽しさを知ります。また、ルールや決まりなどを守る大切さを覚え、社会性を養います。

◆イラストを多用した構成

　本書では、イラストをふんだんに用いることで、あそびの内容やイメージをわかりやすく紹介し、指導者の皆さまが楽しく使えるように工夫を凝らしています。

◆発展的なあそびのポイントやアドバイスなど

　基本的なあそびに加え、より発展的なあそびの内容や、指導する際のポイントやコツなども紹介しています。

◆簡単なアレンジの伴奏譜

　歌あそびゲームの楽曲はすべて伴奏譜がつき、伴奏は簡単で弾きやすく、かつ楽曲のよさを引き立てたアレンジになっています。

◆子どもたちが歌える音域に設定

　取り上げている楽曲はすべて、子どもたちが無理なく歌える音域の調に設定しています。

風船しりとりゲーム

風船を打ちながら、しりとりをしていくゲームです。

① 8〜10人で輪になっていすに座ります。リーダーをひとり決め、風船を持ちます。

② リーダーは、輪の誰かに向けて風船を打ちながら、しりとりの言葉を何か言います。

③ 風船を受け取った子は、しりとりになる言葉を考え、別の人に向けて風船を打ちながら、しりとりの言葉を言います。

ねずみ！

④ 言葉の最後が「ん」になった子どもは、罰ゲームとして、おもしろい顔をします。

みかん！　あれ…？

アドバイス

★風船を受け取ったら、5秒以内にボールを打ってしりとりを言う、一度出た言葉は使えない、などのルールを設けてもいいでしょう。

★打った風船が床に落ちたら、落ちた場所から一番近い子どもが拾うようにしましょう。

身体あそび

ポーズでワン・ツー・スリー

ワン、ツーは保育者と同じポーズをし、
スリーで違うポーズをします。

身体あそびゲーム

1 「トントントントントントントン」と言いながら、6回手をたたきます。

2 保育者は「ワン!」と言いながら、いずれかのポーズをし、子どもたちは保育者と同じポーズをします。

ワン!

❸ 再び、「トントントントントントン」と言いながら、6回手をたたきます。

❹ 次に、保育者は「ツー！」と言いながら、別のポーズをし、子どもたちは保育者と同じポーズをします。

❺ 再び、「トントントントントントン」と言いながら、6回手をたたきます。

❻ 次は、保育者は「スリー！」と言いながら、また別のポーズをし、子どもたちは保育者につられないように、今度は保育者と違うポーズをします。

⑦ドバイス

★ゆっくりのテンポから、少しずつテンポアップするとおもしろいでしょう。
★子どもの中からリーダーを決め、保育者の代わりをリーダーがやってもいいでしょう。

3 オオカミさん、今何時？

童話「オオカミと7匹の子ヤギ」を
モチーフにしたあそびです。

① 地面に大きく家の形と丸の形を描きます。室内で行う場合は、ロープなどで床に形をつくり、固定します。保育者はオオカミ役になり、子どもたちは全員家の形の中に入ります。

保育者：トントントン

子どもたち：オオカミさん、今何時？

保育者：夜中の1時

子どもたち：あー、よかった！オオカミさん、今何時？

保育者：おやつの3時

子どもたち：あー、よかった！

② 上のようなかけ合いをくりかえします。

3 保育者が「夜中の12時！」といったときだけ、子どもたちは丸の陣地に逃げます。
保育者は、逃げる子どもたちをつかまえます。
つかまった子どもは、次からは保育者とともにオオカミ役になり、徐々にオオカミが増えて
いきます。

信号ゲーム

身体あそび

保育者が指定する信号の色に合わせて、
間違えないように動きます。

① 身体あそびゲーム

1 信号をイメージして、保育者が指定する青・黄色・赤のそれぞれの色について、下記のような動作をします。

| 青 | 両足をそろえて、1歩前にジャンプします。 |

| 黄色 | 両足をそろえて、1歩後ろにジャンプします。 |

| 赤 | 両手を下ろして、その場で止まります。 |

2 2～3メートルの間隔でスタートラインとゴールラインを引き、横断歩道に見立てます。子どもたちはスタートラインに1列に並びます。保育者は、青・黄色・赤のいずれかを指定します。子どもたちは、指定された色のとおりに動きます。

あお！

スタートライン

ゴールライン

3 保育者は、テンポよく青・黄色・赤のいずれかを指定し、子どもたちは、その色の動作をしていきます。途中で動作を間違えた子どもは、スタートラインに戻ります。

あか！

あっ！

ピタッ！

ピタッ！

4 保育者が、青・黄色・赤以外の色を指定したときは、子どもたちはその場で立ち止まり、両手でバツの形を作って「ない！」と言います。

オレンジ！

ない！

5 最初にゴールした子どもたちがチャンピオンです。

！アドバイス

★子どもたちがまだ信号のことをよく知らない場合は、あらかじめ信号のルールについて教えるといいでしょう。

★外にお散歩などに出かける前に、このゲームを行うと、より信号のルールを認識できるでしょう。

タオル投げゲーム

瞬時に考え、おににつかまらないようにするゲームです。

1 10人くらいが一組になってあそびます。おにをひとり決め、他の子どもたちは輪になって座り、その中のひとりが、まるめたタオルを持ちます。

2 おには「くだものの名前」などのように、いろいろな名前がいえる条件をひとつ出して、輪のまわりを時計まわりに走ります。

3 タオルを持っている子どもは、「りんご」などと、その名前をひとついって他の誰かにタオルを投げます。受けとった子どもは、「バナナ」などと別の名前をひとついって、また他の子どもにタオルを投げていきます。

4 おには、まわりながらタオルを持っている子どもをつかまえようとします。つかまった子どもは、おにと交代します。

リンゴ！

くだものの
名前！

トンネルくぐり

身体あそび 6

トンネルをくぐって、早さを競います。

1 6～7人ずつのチームをいくつかつくります。ゴールから離れたところに、絵のように並んで人のトンネルをつくります。

2 保育者の合図で、各チームの最後尾の子どもがトンネルをくぐり、くぐり抜けたら最前部でトンネルの一部となります。次の最後尾の子どもが同様にトンネルをくぐり抜け、これをくりかえします。

3 最初に最前部にいた子どもがトンネルをくぐり抜けたら、ゴールします。先にゴールしたチームが勝ちです。

ゴール！

7 色あて玉運びゲーム

保育者が指示するものの色が何かを考え、その色のボールを足にはさんで運ぶゲームです。

1. 保育者はあらかじめ、新聞紙を丸めて、赤、緑、黄色のビニールテープを巻いたボールをたくさんつくっておきます。

2. クラスの人数を半分に分け、A・Bの2チームをつくります。2チームは、帽子の色などで分けます。

3. 4〜5メートルくらいの間隔で2本の線を引き、それぞれのチームの陣地をつくります。保育者は、線の間にボールをバラバラに置き、子どもたちは全員自分たちの陣地に並びます。

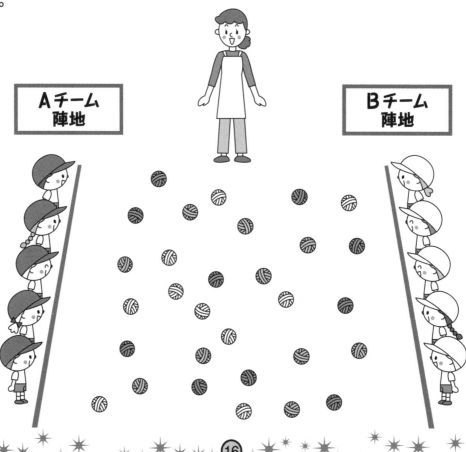

Aチーム陣地　Bチーム陣地

④ 保育者が、赤、緑、黄色のいずれかの色を連想するものをひとつ言います。子どもたちはその色のボールを取りに行き、足にはさんで自分たちの陣地に運びます。

ポスト！

⑤ 保育者の合図で子どもたちは運ぶのをやめます。残る2色のものについても同様に行い、最後にボールを多く運んだチームの勝ちです。

赤、緑、黄色を連想するものの例

・赤：りんご、いちご、トマト、さくらんぼ、カニ、ポスト、消防車、太陽、信号の「止まれ」…他。
・緑：ピーマン、きゅうり、ほうれん草、ブロッコリー、葉っぱ、バッタ、信号の「進め」…他。
・黄色：バナナ、レモン、オムレツ、プリン、ヒヨコ、キリン、ひまわり、月、信号の「注意」…他。

⑦ドバイス

★それぞれの合図ごとに、子どもたちが陣地に運んだボールが正しい色かを保育者が確認し、間違ったものがあったら戻すようにしましょう。また、その場合は1点減点などのルールを設けてもいいでしょう。

★たとえば、保育者は「たんぽぽの花と葉っぱ」など、2色（黄色と緑）を指示してもいいでしょう。

★新聞紙のボールは、子どもたちにつくってもらってもいいでしょう。

8 忍者でにん！

身体あそび

身体あそびゲーム

忍者気分を楽しむゲームです。

① 最初に保育者が「忍者でにん！」といいながら、忍者ポーズをし、子どもたちも真似をします。

ポーズ

忍者でにん！

② 保育者が「頭しゅりけん！」といいながら、子どもたちの頭の上にしゅりけんを飛ばす動きをし、子どもたちはそれをよけるように、頭を沈めます。

頭しゅりけん！

❸ 保育者が「足しゅりけん！」といいながら、子どもたちの足元にしゅりけんを飛ばす動きをし、子どもたちはそれをよけるように、ジャンプします。

★保育者が「足しゅりけん！」といいながら、頭の上にしゅりけんを飛ばす動きをするなど、わざと間違えてもおもしろいです。

あそびの発展

「つるとかめ」という、「忍者でにん！」とよく似たあそびがあります。保育者が「つる！」「かめ！」といってポーズをとり、子どもたちが真似をします。

つるポーズ

かめポーズ

9 ネコとネズミ

思いきり走って楽しむ追いかけっこです。

1 クラスの人数を半分に分け、ネコチームとネズミチームをつくります。

2 10メートルくらいの間隔で2本の線を引き、それぞれのチームの陣地をつくります。全員が自分たちの陣地に入ります。

3 保育者が「ネ、ネ、ネ・・・」といったら、両チームとも線を越えて中央に歩み寄ります。

ネ・ネ・ネ…

ネコ陣地　　　ネズミ陣地

★ネコは赤い帽子をかぶり、ネズミは白い帽子をかぶるなどの目印があると、どちらのチームかがわかりやすいでしょう。

4 保育者がたとえば「ネ、ネ、ネ・・・ネコ！」といったら、ネコがネズミを追いかけます。ネズミは自分の陣地まで戻れればセーフですが、その前につかまったら、相手の陣地に連れていかれ、座ります。

ネコ！

あそびの発展

★保育者は、早くいったり遅くいったり、「ネ、ネ、ネ・・・ネギ！」などとフェイントをかけてもおもしろいでしょう。

★時間を決めて、つかまった子どもの数で勝敗を決めてもいいでしょう。

★「ネコとネズミ」以外にも、「ウマとウシ」「カエルとカラス」など、頭の文字が同じものなら何でもOKです。

親分は誰だ？

身体あそび 10

おもしろい動作をつくり出している親分は
誰かをあてるゲームです。

身体あそびゲーム

1 クラス全員であそびます。まずおにをひとり決め、それ以外の子どもたちの中から、おににはわからないように親分を決めます。

2 みんなで輪になり、おにはそのまん中に立ちます。親分は、次々にいろいろなおもしろい動作をし、他の子どもたちはその動作を真似します。ひとつの動作は、10～15秒くらいがいいでしょう。

親分 →

？
？
？
？
← おに

★親分はできるだけおもしろく、変化のある動作をします。
　たとえば・・・。

③ おには親分が誰かをあてます。あたったら、おにを交代します。

フルーツバスケット

11 身体あそび

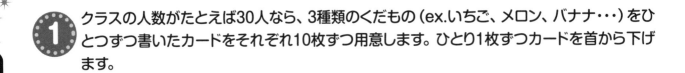

いすとりゲームを発展させたあそびです。

身体あそびゲーム

1 クラスの人数がたとえば30人なら、3種類のくだもの（ex.いちご、メロン、バナナ…）をひとつずつ書いたカードをそれぞれ10枚ずつ用意します。ひとり1枚ずつカードを首から下げます。

2 輪になって座り、ひとりだけはリーダー（発令者）になり、輪のまん中に立ちます。リーダーが「いちご!」と発令したら、いちごのカードをかけた人が立ち上がり、他のいすに座ります。そのとき、リーダーもいすに座ります。あぶれた人が次のリーダーになります。「いちごとメロン!」と2つ以上発令してもOKです。また、「フルーツバスケット!」と発令したときは、全員が立ち上がり、いすを替えます。

いちご！

！アドバイス

★くだものの種類が多いと、たとえば全員の数が少ない場合、いすから立ち上がる子どもの数
　が少なくなるので、全員の数に合わせてくだものの種類を決めましょう。

★くだものは、花や虫の名前に替えたり、数字に替えてもいいでしょう。

★子どもたちは、リーダーになりたい（発令したい）ために、わざと座らなかったり、いすをゆず
　り合ったりすることがあるので、3回リーダーになったらゲームからはずれる、などのルール
　を設けるといいでしょう。

伝言ゲーム

友だちに正しく言葉を伝言するゲームです。

1 5〜6人で一組のチームをいくつかつくり、チームごとに一列になります。

2 保育者は先頭の子どもたちに問題を伝えます。このとき、言葉だけでは覚えにくいので、イラストと文も見せてあげましょう。

青い小鳥が赤い木の実を食べたよ

あおいことりが
あかいきのみを
たべたよ

3 先頭の子どもから順番に次の子どもへ伝言し、最後の子どもが答えます。正しく伝わったチームの勝ちです。

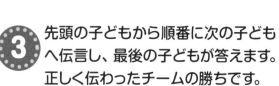

あかいことりが
あおい……
……あれ？

26

背中伝言ゲーム

指で背中に文字を書いて、伝言していきます。

① 5〜6人で一組のチームをいくつかつくり、チームごとに一列に座ります。

② 保育者は、最後尾の子どもに2文字程度の問題を伝えます。

③ 最後尾の子どもから、順番に前の子どもの背中に指でその文字を書いて伝言し、最前部の子どもが答えます。正しく伝わったチームの勝ちです。

宝さがしゲーム

地図をたよりに、宝のありかを見つけるゲームです。

1 まず、子どもたちをグループ分けします。クラスの人数が25人くらいなら、5人ずつ五組くらいに分け、△、○、□、☆・・・と、グループごとにマークを決めます。

2 保育者が、幼稚園や保育園の地図を書き、地図に封筒や箱のありかをグループごとのマークで3ヶ所くらい示しておきます。子どもたちは、その地図をたよりに封筒や箱を探します。

グループ

28

あった！

③ 封筒や箱には、一文字ずつ書いたカードや紙を入れておきます。3ヶ所全部の文字を見つけたら、その文字を組み合わせると何の言葉になるか考え、保育者に伝えます。
（ex.「ご」「ち」「い」→「いちご」など）
正しく伝えられたら、先生は何かごほうびをあげてもいいでしょう。

い

ち

ご

ご

何が書いてあった？

アドバイス

★グループごとのマークは、くだものや動物などのマークに替えてもいいでしょう。

★封筒のありかは、室内に限らず、すべり台や木につけておいてもOKです。

※26～27ページの伝言ゲームや、宝さがしゲームは、文字の読める年長児向けのあそびです。

15 ポーズで だるまさんがころんだ

いろいろな動物のポーズで止まる、
だるまさんがころんだのアレンジバージョンです。

1 まずは、ふつうの「だるまさんがころんだ」をやって、すばやく動いたり、すばやく止まる動作を身につけましょう。

2 最初は保育者がおにになります。おにの「だるまさんがころんだ」の言葉で、子どもたちはスタートラインから動き、言葉をいい終わったときにはピタッと止まります。

3 動いたところをおにに見つからずに、おににタッチできたら、抜けて終わりです。もし動いたところをおにに見つかったら、スタートからやり直しです。

次は「だるまさんがころんだ」のアレンジバージョンです。

「だるまさん」の部分をいろいろな動物の名前に替えて、子どもたちはその動物のポーズで止まります。

ゴリラのポーズ

ゾウのポーズ

カニのポーズ

ウキ～ッ！

おサルさんがころんだ！

クルッ

⑦ドバイス

動物のポーズはあらかじめ決めておいて、みんなで同じポーズをしてもいいですし、子どもたちが自由にその動物のポーズを考えてもいいでしょう。

身体あそび

ゲーム

体をくねらせて、フープを通して楽しむリレーゲームです。

1 5人対5人、または10人対10人などに分かれ、A・Bチームをつくります。

2 A・Bチームとも横一列になって手をつなぎ、先頭の人がフープを持ちます。

3 保育者の「よういドン！」の合図で、先頭の人が手をつないだまま、フープを頭や手を通して、次の人に送っていきます。次の人も、同様にしてその次の人に送ります。

4 最後の人は、コーンなどにフープをかけてゴールします。先にゴールしたチームの勝ちです。

ゴール

⑦ドバイス

A・Bの2チーム以外に、3～4チームに分けたり、クラス対抗にしてもおもしろいです。

いろいろタッチ！

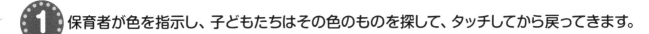

いろいろな色にタッチします。室内でも屋外でもあそべます。

1 保育者が色を指示し、子どもたちはその色のものを探して、タッチしてから戻ってきます。

2 最初は1色で指示しますが、慣れてきたら2色、3色と色数を増やしていきましょう。

あそびの発展

色だけでなく、「丸いもの」「とんがっているもの」「ツルツルしているもの」などと、指示を展開してもいいでしょう。

18 フープおにごっこ

フープに逃げ込めるおにごっこです。

1 クラス全員であそびます。おにをふたり決め、逃げる人を3人決めます。その他の子どもたちは、ふたり組になり、フープの中にそれぞれ手をつないで入ります。

2 おには逃げる人を追いかけます。

③ 逃げる人は、フープの中に逃げ込むことができます。フープの中に入り、片方の人と手をつなぐと、もう片方の人はフープの外に出て、逃げる人になります。

④ 逃げる人がおににつかまえられたら、おにを交代します。

19 しっぽとりゲーム

みんなで走りまわって楽しむゲームです。

1 紙テープを1mくらいの長さに切って、子どもたちの腰のあたりにガムテープなどでつけます。

2 適当な歌に合わせて走りまわり、自分以外の子どものしっぽを足で踏んでとります。立ち止まると、しっぽが地面にくっついて踏まれてしまうので、走り続けます。

3 最後にしっぽが一番長く残った人の勝ちです。

20 帽子とりゲーム

帽子をまん中に置いて、ふたりでとり合うゲームです。

1 ふたりで向かい合って正座します。まん中にひとつ帽子を置きます。

2 保育者が「パー！」といったら、両手を上げてバンザイのポーズをします。
また「グー！」といったら、背中をまるめて、小さく前かがみになります。

3 保育者が「チョキ！」といったときだけ、まん中の帽子をとります。帽子をとれた人の勝ちです。再びまん中に帽子を置いて、ゲームをくりかえします。

あそびの発展

★「チョキ！」を「チョ…コレート」「チョ…ッと待って！」「チョ…ッキン！」などとフェイントをかけてもおもしろいです。
★帽子の代わりにハンカチを使ってもいいでしょう。

21 目玉焼きゲーム

3人一組で、目玉焼きの白身と黄身になって、楽しむゲームです。

1 リーダー（発令者）をひとり決め、リーダー以外の子どもは、3人一組になります。3人のうち、ふたりは向かい合って両手をつなぎ、もうひとりはその中に入ります。向かい合ったふたりは白身役、中のひとりは黄身役とします。

2 リーダーが「黄身！」と発令したら、黄身の人は白身から出て、別の白身の中に移動します。リーダーも黄身になり、すばやくどこかの白身の中に入ります。あぶれた人が、次のリーダーになります。

黄身！

3 リーダーが「白身！」と発令したら、白身の人は手を離し、別の黄身のところに行き、再び白身になって別のふたりで手をつなぎます。リーダーも、どこかの白身になります。

白身！

4 リーダーが「目玉焼き！」と発令したら、全員がバラバラになって、白身も黄身も関係なく、新たな3人組になります。次々とあそびをくりかえします。

！

ア ドバイス

「目玉焼きゲーム」を「おまんじゅうゲーム」に代えて、あんこ役と皮役にしてもいいでしょう。

握手ゲーム

身体あそび 22

身体あそびゲーム

子どもたち同士が、触れ合いながら仲よくなれるゲームです。

子どもたちは輪になっていすに座ります。保育者が子どもの名前を呼んだら、他の子どもたちは、その子どものところへ行き、握手をして元の席に戻ります。

ゆみこちゃ～ん！

あくしゅ～

⑦ドバイス

できれば保育者は、全員の名前を呼びましょう。もし人数が多く、それが難しい場合は、おとなしい子どもや、元気のない子どもの名前を呼んであげましょう。

くじ引きゲーム

参観日などにも、親子で楽しめるゲームです。

① ひもの先に文字や絵を書いた紙をつけ、段ボールなどに通して途中が見えないようにします。

② 引いたものにより、いろいろなものがもらえたり、もの真似をしたりします。

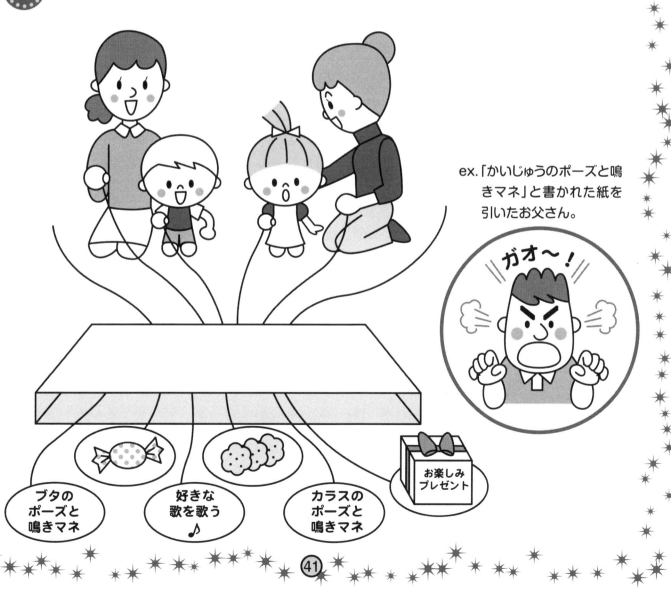

ex.「かいじゅうのポーズと鳴きマネ」と書かれた紙を引いたお父さん。

ガオ〜！

ブタの
ポーズと
鳴きマネ

好きな
歌を歌う
♪

カラスの
ポーズと
鳴きマネ

お楽しみ
プレゼント

24 棒のせ風船リレー

棒に乗せた風船を落とさないように運ぶゲームです。

身体あそびゲーム

1 8〜10人で一組のチームをいくつかつくります。チームごとに竹の棒を2本と、ふたりでひとつの風船を用意します。

2 ふたりで棒の上に乗せた風船を落とさないように運び、箱に入れたら戻り、次のふたりに棒を渡してバトンタッチします。途中で風船を落としたら、スタートからやり直しです。先にゴールしたチームの勝ちです。

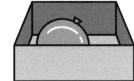

背中で風船はさんでリレー

ふたりで呼吸を合わせて背中にはさんだ風船を運びます。

① 8〜10人で一組のチームをいくつかつくります。チームごとにひとつの風船を用意します。

② ふたりで背中の間に風船をはさみます。風船を落とさないようにして、決められたコースを進んで戻り、次のふたりに風船を渡してバトンタッチします。
途中で風船を落としたり割ったりしたら、スタートからやり直しです。先にゴールしたチームの勝ちです。

あそびの発展

背中ではさむ代わりに、ふたりが向かい合ってお腹に風船をはさんで運んでもいいでしょう。

あっちむいてホイゲーム

ジャンケンあそび **1**

2チームに分かれ、「あっちむいてホイ」をしてフープの陣取りをします。

1 床にフープを6つ並べます。3人一組のチームを2チームつくり、向かい合ってフープに入ります。先頭のふたりはジャンケンをして、あっちむいてホイ（ジャンケンに負けた子は、頭を上下左右のいずれかに動かします）をします。

あっちむいて
ほい！

2 ❶であっちむいてホイに負けた子は、フープから出て、自分の列の最後に並びます。
勝ったチームは、全員ひとつ前のフープに進み、同様にあそびをくりかえします。

3 先頭の子どもが、相手チームの最後のフープに入ったチームの勝ちです。

やったあ！

あそびの発展

★あっちむいてホイの上下左右の動きが難しいようなら、左右のみに限定してもいいでしょう。
★フープの数を、8、10・・・と増やしてもいいでしょう。

2 くねくねジャンケン

くねくねの線の上を走るジャンケンゲームです。

1 1チーム5〜6人で2チームに分かれます。離れた場所にそれぞれ陣地をつくり、くねくねの線でつなぎます。

2 保育者の合図で、それぞれの陣地からひとりが相手の陣地に向かってくねくねの線の上を走っていきます。

3 出会ったところでジャンケンをします。勝った子どもは進み、負けた子どものチームは次の子どもが走っていきます。負けた子どもは、自分のチームの後ろにつきます。
これをくりかえして、相手の陣地に先にひとりがたどり着いたチームの勝ちです。

まけた!

陣 地

陣 地

3 うずまきジャンケン

うずまきの中を走るジャンケンゲームです。

1 あそびかたは、46ページの「くねくねジャンケン」と同じです。地面に大きなうずまきを描き、うずまきの入口と中心にそれぞれの陣地をつくります。

2 保育者の合図で、それぞれの陣地からひとりが相手の陣地に向かってうずまきの中を走っていき、出会ったところでジャンケンをします。それ以降のルールは「くねくねジャンケン」と同様です。

レイとりジャンケン

ジャンケンをして、レイをとり合うあそびです。

1 紙テープを1mくらいの長さに切って輪をつくり、ホチキスでとめてレイをつくります。これを子どもの人数分つくり、ひとりひとつ首にかけます。

2 ふたりずつジャンケンをして、負けた子どもは勝った子どもにレイをあげて座ります。

最後にジャンケンに勝った子どもは、全員分のレイをもらえることになります。

あそびの発展

テープの色で2チームに分けて、相手のチームとジャンケンして競ってもいいでしょう。

5 ジャンケンあそび ジャンケン ドロケイ

ドロケイ（泥棒と警察）のアレンジバージョンです。

1 クラスの人数を半分に分け、通常のドロケイのように泥棒チームと警察チームをつくります。捕まった泥棒が入るろうやの場所を決め、丸などで囲みます。

2 警察チームが10数えている間に、泥棒チームは逃げます。

3 泥棒チームの子が警察チームの子に捕まったら、その場でジャンケンをします。

つかまえた！

ジャンケンポン！

ろうや

50

4 ③のジャンケンで、警察の子が勝ったら、泥棒の子をろうやに連れて行きます。一方、泥棒の子が勝ったら、泥棒と警察が入れ替わり、泥棒の子が警察になり、警察の子が泥棒になります。新たに泥棒になった子は逃げ、警察になった子は、その場で5数えてから、泥棒チームの子を捕まえます。

警察の子が勝ったら

泥棒の子が勝ったら

1・2…

キャーッ！

5 ろうやの中にいた子は、捕まっていない仲間の泥棒にタッチしてもらうと、ろうやから逃げ出すことができます。

タッチ！

6 泥棒の子が全員ろうやに入ったら、ゲーム終了です。

！アドバイス

「ドロケイ」は、他にも「ケイドロ」、「ドロタン」（泥棒と探偵）、「タンドロ」、「ドロジュン」（泥棒と巡査）、「ジュンドロ」など、地域によってさまざまな呼び方があります。

ジャンケンマラソン

ジャンケンあそび 6

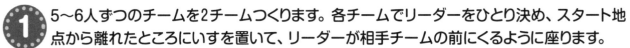

ジャンケンに負けたら、みんなで一緒に走ります。

1 5〜6人ずつのチームを2チームつくります。各チームでリーダーをひとり決め、スタート地点から離れたところにいすを置いて、リーダーが相手チームの前にくるように座ります。

2 リーダー以外の子どもたちは、スタート地点に一列に並びます。保育者の合図で、先頭の子どもが相手チームのリーダーのところへ走っていき、ジャンケンをします。

勝ったらいすをまわって列に戻り、次の人にバトンタッチします。負けたら、チーム全員を呼んで、みんなでいすをまわって戻ります。同様に全員がジャンケンして、最後の人が先に自分の列に戻ったチームの勝ちです。

勝った場合

かった!

負けた場合

まけた!

いそげ〜

ジャンケンあそびゲーム

お開きジャンケン

ジャンケンに負けるたびに、足を少しずつ開いていくあそびです。

① クラス全員であそびます。保育者と全員がジャンケンをし、負けた子どもは絵のように足を一足（90°）ずつ開いていきます。

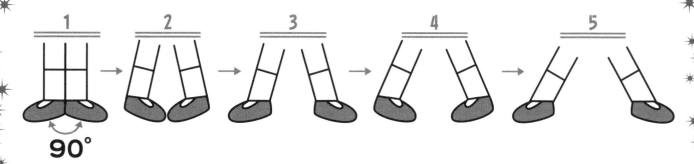

90°

② 足がそれ以上開けなくなって倒れたら、その場に座ります。最後まで開いていた人の勝ちです。

チョキー

いたたた…

8 変身ジャンケン

ジャンケンをして、カメ・ウサギ・人間に変身するあそびです。

1 赤白の帽子などをかぶり、クラスを2チームに分けます。全員がハイハイ状態になってカメになります。

2 保育者の合図で近くの相手のチームの人とひとり1回ずつジャンケンをします。負けた人はそのままで、勝った人はしゃがんだ状態になってウサギになります。

3 ウサギが負けたらカメに戻り、勝ったら「バンザイ！」とさけんで立ち上がり、人間になります。

カメ

ウサギ

人間

バンザイ！

4 3分間行い、人間が多いチームの勝ちとなります。

9 もぞもぞ

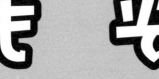

ジャンケンをして、くすぐったりくすぐられたりするあそびです。

① ふたり一組になって向かい合います。保育者が「手をもぞもぞ!」といったら、ふたりでジャンケンをします。勝った人は、負けた人の手首からわきの下にかけて、毛虫がはうように「もぞもぞもぞ」といいながら、くすぐるように指を動かします。負けた人は、手をすくめたり笑ったりするのをできるだけがまんします。

手を
もぞもぞ

ジャンケン
ポン!

もぞ

もぞ

次は、「手をもぞもぞ！」の「手」を、身体のいろいろな部分にアレンジしていきます。

頭をもぞもぞ！

頭のてっぺんから鼻や口を通り、首までもぞもぞします。

お腹をもぞもぞ！

おへそのまわりやわき腹をもぞもぞします。

背中をもぞもぞ！

背中を上下して、わきの下までもぞもぞします。

足をもぞもぞ！

太ももから足首のところまで、もぞもぞします。

アドバイス

「もぞもぞ」は、さわるかさわらないかの程度に指を動かすと、とてもくすぐったくなります。

ブルドッグ

相手のほっぺたをつねって、
ブルドッグのような顔にするジャンケンあそびです。

1 ふたり一組になり「ブルドッグ」といいながら、ジャンケンをします。

\\ ブルドッグ！//

チョキ　パー

2 勝った人は、相手のほっぺたをつまんで、またジャンケンをします。

3 ほっぺたをつまんでいる人が負けたら、つまむのをやめて、初めからジャンケンをします。

④ ほっぺたをつまんでいる人が続けて勝ったら、両手で相手のほっぺたをつまみ、「たて、たて、横、横、丸描いてチョン」をします。

▲「たて、たて」で、上下に2回ほっぺたを動かします。

ビローーーーン

▲「横、横」で、横に2回引っ張ります。

チョン！

▲「丸描いて」でほっぺをまわし、「チョン」で引っ張って放します。

アドバイス

★ほっぺたをつまむとき、爪を立てたり、強くつねらないように注意しましょう。
★何度かあそんだら、相手を替えてやってみましょう。

ジャンケン列車

ジャンケンあそび

ジャンケンをして列車をつなげていくあそびです。

① クラス全員であそびます。バラバラになっている状態でそれぞれ相手を見つけ、ふたりでジャンケンをします。

ジャンケン
ポン！

② ジャンケンに負けた人は、勝った人の股の間を前からくぐり、肩につかまってつながります。

3 次の相手を見つけ、先頭の人同士でジャンケンをします。負けた人は、勝ったグループの股の間のトンネルをくぐって、さらにつながります。
くぐるのは、ジャンケンをして負けた人だけで、その後にいた人は、くり上がって先頭になり、次の相手を探しにいきます。

ピース!

4 先に5人つながったグループの勝ちです。

> # **ア**ドバイス
>
> 股の間をくぐっているときに、くぐる人が立ち上がったり、トンネルになっている人が足を動かしたりしないように注意しましょう。

暗号ジャンケン

暗号を送って、みんなでジャンケンをします。

1 6人で一組のチームを2チームつくります。各チームとも、となりの人と手をつないで、2チームで向かい合います。

2 それぞれのチームの右端の人をチームリーダーとします。リーダーは、ジャンケンの何を出すかを決めて、暗号（となりの人の手を握る回数）を送ります。
たとえば、1回握ると「グー」、2回握ると「チョキ」、3回握ると「パー」とします。

リーダー

リーダー

3回

手を握る暗号		
	グー	1回
	チョキ	2回
	パー	3回

③ 暗号がチームの最後の人まで伝わったら全員手を放し、いっせいに暗号どおりのジャンケンを出します。ひとりも間違えずに勝てたチームの勝ちです。

ジャンケンポン!

まちがえた〜!

★チームとして勝っても、ひとりでも違うものを出していたら負けです。

あそびの発展

チームが4つ以内なら、全チームで向かい合って、全チーム対抗にするのもいいでしょう。

1 輪になって

作詞：横笛太郎／作曲：兼永史郎

いわれた動物や、ものの足の数だけ集まる歌あそびです。

1 子どもたちは全員輪になって手をつなぎます。保育者は、輪のまん中に立ちます。歌を歌いながら、時計と反対まわりにまわります。

2 歌の最後の「モゥー」のあとの○○のところで、保育者が大きな声で足のあるものをさけびます。子どもたちは、その足の数だけ集まります。
（ex.ハト→ふたり、カメ→4人、
タコ→8人、イカ→10人、
かかし→ひとり、机→4人）

ライオン！

❗ ⑦ドバイス

年長児なら、たとえば「ブタとカラス」「イカとウシ」など、足し算を入れて、あそびを高度にしてもいいでしょう。

歌あそび 2 さよならあんころもち

わらべうた

さ よ なら　あん ころ もち　また きな こ

輪の中のもち役の子が、最後にあんこ役の人たちを追いかけます。

1 もち役をひとり決め、他の子どもたちはあんこ役になり、輪になって手をつなぎます。もち役の子は、輪のまん中でしゃがみます。

2 あんこ役の子どもたちは、リズムに合わせて両手をゆらしながら、歌を歌います。

♪ さよなら あんころ もち

歌 あ そ び ゲ ー ム

3 歌い終わったら、あんこ役の子どもたちは手を放し、もち役の子に近づいて「ペタペタ」と言いながら触ります。

ペタ
ペタ！

キャー！

ムクムク

4 もち役の子が、「ムクムク」と言いながら立ち上がったら、あんこ役の子どもたちは逃げ、もち役の子は、誰かひとりをつかまえます。
つかまった子が次のもち役になり、あそびをくり返します。

にげろ！

アドバイス
もち役を交代せず、つかまるたびに、もち役がどんどん増えていくようにしてもいいでしょう。

ゾウさんとクモの巣

作詞：馬場祥弘／外国曲

1. ひと　りの
2. ふた　りの
3. さん にんの　ぞう さん　クモ のす　に　　かか ってあそんで　おり ました
4. よに　んの
5. ごに　んの

1.〜4.あん　まり　ゆか　いに　なっ たの　で　　も ひ　とりおい でと　よび ました た
5.あん　まり　おお　ぜい　のっ たの　で　　ド ス　ンといと　が　きれ ました た

ゾウが次々とつながり、最後に一斉に倒れるあそびです。

1 5人が一組になってあそびます。5人のうち、ゾウ役をひとり決め、他の子どもたちは輪になって手をつないで歌います。

2 ゾウ役の子は、手をゾウの鼻に見立ててブラブラゆらしながら、輪の外を歩きます。歌詞の最後の「♪よびました」の「た」のところで、近くにいる子の肩をポンとたたきます。

3 たたかれた子は、ゾウの後ろにつき、ゾウの肩や腰に手をあててつながります。

4 2〜4番も同様にあそび、次々とつながっていきます。

5 5番の歌詞の最後「♪ドスンといとがきれました」を歌い終わったら、みんな一斉に倒れます。

！アドバイス

最後に一斉に倒れるとき、他の子にぶつかったり、思い切り強く倒れてけがをしないように注意しましょう。

たけのこ いっぽん

わらべうた

〈おに〉たけのこ いっ ぽん　ちょう だい な

〈たけのこ〉ま　だ　め　が　で　ない　よ

〈おに〉た　け　の　こ　に　ほん　ちょう　だい　な

〈たけのこ〉も　う　め　が　で　た　よ

“おに”と“たけのこ”のかけ合いが楽しい歌あそびです。

1 6〜7人であそびます。“おに”をひとり決め、他の子どもたちはみんな“たけのこ”になって、一列になります。

2 先頭の子どもは、木や柱にしっかりとつかまってしゃがみます。他の子どもたちも、前の子どもの腰などに手をまわし、しっかりとつながってしゃがみます。

3 “おに”と“たけのこ”で歌のそれぞれのパートをかけ合うように歌います。

4 “たけのこ”が「♪もうめがでたよ」と歌ったら、“おに”は列の一番後ろの“たけのこ”を引っ張ります。たえきれずに手を放した子どもが、次の“おに”になります。

⑦ドバイス
たけのこの芽の出る数は、みんなで自由に決めてもいいでしょう。

おつかい・ありさん

作詞：関根栄一／作曲：團 伊玖磨

1.あ んまた り いそ いんで こ っつ んこ
2.あ いた た ごめ んよ このひょ う し

あ りさん と あ りさん と こ っつか んこ
わ すれ た わ すれ た お つ んいを

あっ ちいっ て ちょん ちょん こっ ちきき て ちょん
あっ ちいっ て ちょん ちょん こっ ちき て ちょん

① 保育者は、歌い始める前に、「手と手」などと指示を出します。

② 「♪おつかいありさん」を歌いながら、手足を大きく動かして、自由に歩きます。

③ 歌詞の「♪ちょんちょん」の部分で2回、「♪ちょん」の部分で1回、近くにいる子とふたり組になって、ハイタッチをします。

④ 再び歩き出し、2番も同様に行います。

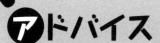
アレンジバージョン

「ほっぺと指」

「おしりとおしり」

！ ⑦ドバイス

★上記のアレンジバージョンの他にも、「肩と肩」「背中と背中」「手と耳」など、いろいろアレンジしてやってみましょう。

★毎回違う人とふたり組になる、などのルールを設けてもいいでしょう。

かごめかごめ

わらべうた

か　ご　め　か　ご　め　　か　ご　の　な　か　の　と　り　ー　は

い　つ　い　つ　で　や　ー　る　よ　あ　け　の　ば　ん　に

つ　る　と　か　め　が　す　べ　っ　た　う　し　ろ　の　しょう　めん　だ　あ　れ

昔なつかしい「🎼かごめかごめ」のちょこっとアレンジバージョンです。

1 おに役をひとり決めます。他の子どもたちは、輪になって手をつなぎ、おには輪の真ん中にしゃがんで両手で目を隠します。

2 「🎼かごめかごめ」の歌を歌いながら、反時計まわりに歩きます。

かごめ
かごめ

ワンワン！

さきちゃん！

3 歌の最後の「♪うしろのしょうめんだあれ」の「れ」のときに、輪になっている子どもたちは立ち止まり、おにの真後ろに立っている子は、何か動物の鳴き声を真似して声を出します。

4 おにが真後ろに立っているのが誰かをあてることができたら、その子とおにを交代します。間違えたらおにはそのままで、あそびをくりかえします。

❗ ⑦ドバイス

おにの真後ろになった子どもが動物の鳴き声を真似して出すときは、わざと高い声や低い声で、声色を変えて出すと、おもしろいでしょう。

7 はいポーズ！

歌あそび

作詞／作曲：井上明美

ど ん な ポー ズ を す る の か な

ワー ク ワ ク　ド キ ド キ　ラ ン ラ ラン ラン

あ る い たら　ふ ー たり で ー ジャン ケン だ

ジャン ケン ポン！　「〇〇の ポー ズ」　は い ポー ズ！

歌あそびゲーム

ジャンケンに負けたら、いろいろな動物のポーズをします。

1 歌いながら自由に歩きます。「♪ふたりでジャンケンだ」のところで、それぞれふたりになるように相手を見つけます。

2 「♪ジャンケンポン！」のところで、ふたりでジャンケンをします。

3 「♪○○のポーズ」の○○の部分にいろいろな動物の名前を入れて、保育者がさけびます。「♪はいポーズ！」で、ジャンケンに負けた人は、その動物のポーズをします。そのあとは、また自由に歩き、あそびをくりかえします。

ブタのポーズ！

電車をつなごう

作詞／作曲：井上明美

でん しゃをつなごう　　でん しゃをつなごう

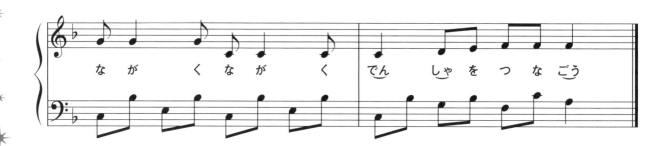

なが くなが く　　でん しゃをつなごう

歌に合わせて電車を長くつなげていくあそびです。

1 10～15人が一組になってあそびます。はじめにリーダーをひとり決めます。

2 リーダー以外の子どもたちは、自由にバラバラになって立ち、全員で歌を歌います。リーダーは、歌の間は歌いながら立ち止まっているみんなの間を小走りで自由にぐるぐる動きます。

3 リーダーは「♪でんしゃをつなごう」の最後の「ごう」のときに、誰かの肩に背中からポンと両手を乗せます。

4 肩に手を置かれた子どもが次のリーダーとなり、二両連結で、また歌をくりかえします。全員が連結するまで歌をくりかえし、電車をつなげていきます。

！ アドバイス

電車が次々につながって長くなっていったときに、走っている途中で手が肩から離れて連結が切れてしまわないように、注意しましょう。

ふしぎなハンカチ

作詞：横笛太郎／作曲：尾崎敏之

この ハン カチは ふし ぎ な ハ ン カ

チ ー そ らを ふわふわ

と ぶ と な んだ か わらいたく なっ ちゃうん だ

ハ ハ ハ ハ ハ ワ ハ ハ ハ ハ ハッ おちて とまると

おこ りん ぼう に なっ ちゃう

ハンカチを投げて、笑ったり怒ったりするあそびです。

1 みんなで歌を歌い、「♪なんだか わらいたく なっちゃうんだ」のあたりで、保育者は思いき り高くハンカチを投げます。

★ハンカチはなるべくやわらかいものを使い ましょう。

2 ハンカチが飛んでいる間、「♪ハハハハハ ワハハハハ」と歌 詞のように笑ったり、自由に笑ったりします。

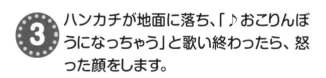

3 ハンカチが地面に落ち、「♪おこりんぼ うになっちゃう」と歌い終わったら、怒 った顔をします。

10 川の岸の水ぐるま

わらべうた

かわの きしの みずぐるま

ぐるっ と まわって

いそいで ふたりづれ

のこりは おに

よ いちにっ さん

歌あそびゲーム

スリルを味わいながら、ふたり組になる歌あそびです。

★奇数人数であそびます。輪になって手をつなぎます。

 ♪ **かわの きしの みずぐるま**
　　ぐるっとまわって いそいで
　　ふたりづれ のこりは おによ

（歌いながら、右に8歩、左に8歩をくりかえして歩きます）

 ♪ **いちにっさん**

（急いで相手を見つけてふたり組になり、座ります）

3 ふたり組になれなかった子どもはおにになり、輪のまん中に立ちます。
あそびをくりかえし、また「♪いちにっさん」でふたり組になります。そのとき、おにも誰かとふたり組になります。あぶれた子どもは次のおにになります。

❗アドバイス

★奇数人数の場合、ひとり余るのでおにになりますが、年少児などの年齢が小さい場合は、偶数人数にして必ずふたり組になれるようにするといいでしょう。
★となりの人とはふたり組になれない、おには誰とでもふたり組になれるなど、ルールをつくってもいいでしょう。
★歌う速さを変えて、変化をつけるとおもしろいでしょう。

11 ぐにゃぐにゃヘビ

作詞：志摩 桂／インドネシア民謡

みんなでヘビになって、ぐにゃぐにゃ走りまわります。

1 10〜15人であそびます。リーダーをひとり決め先頭になり、他の子どもたちは全員、前の人の肩や腰に手をあてて一列になって並び、ヘビになります。

2 歌いながらヘビはぐにゃぐにゃと動き始め、先頭のリーダーは列の最後の人、つまりヘビのしっぽを追いかけます。

3 しっぽの人は、リーダーにつかまらないように逃げます。つかまってしまったら、その人が先頭になり、次のリーダー役になります。リーダーが交代したら、また初めから歌い始め、あそびをくりかえします。

12 もぐらどん

わらべうた

もぐらどんの おやどかね

つち ごろり まいった ほい ＜セリフ＞

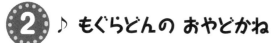

寝ているもぐらに、つかまらないようにする追いかけっこです。

1 もぐら役をひとり決めます。他の子どもたちは、輪になって手をつなぎ、もぐらは輪のまん中で寝ているふりをします。

2 ♪ もぐらどんの おやどかね

（歌いながら時計まわりと逆方向に歩きます）

3 ♪ つちごろり まいったほい

（輪の中央に向かって6歩歩き、「♪ほい」で止まります）

4 ＜セリフ＞
もぐらさん、もぐらさん、あさですよ。おきなさい！

（みんなでもぐらに声をかけます）

5 もぐらが起きたら、手を放して逃げます。もぐらは、追いかけてひとりをつかまえます。
つかまった人が次のもぐらになり、あそびをくりかえします。

！

⑦ドバイス

大人数であそぶときは、もぐら役を複数にしてもいいでしょう。

13 糸屋のおばさん

歌あそび

作詞：小林恵子／作曲：中村佐和子

いとや のお ばさん　いない まに　いとと いととが

けんか して　あっ という まに　もつ れた

いとや のお ばさん　い といて おく　れ

クラス全員で盛り上がれるあそびです。

1 クラス全員であそびます。まず、糸屋のおばさん役の子どもを3〜4人決め、離れた場所で待ちます。残りの子どもたちは、輪になります。

2 輪になった子どもたちは、歌を歌いながら、他の子どもの手の下をくぐったりしてからみ合い、もつれた糸のような状態になります。歌が終わったら止まります。

3 糸屋のおばさん役の子どもたちが、糸をほどいて、もとの輪の状態に戻していきます。きれいに戻せたら、糸屋のおばさん役を交代してあそびを続けます。

⑦ドバイス

糸になった子どもたちは、糸屋のおばさんが糸をほどいているときに、つないでいる手が離れないように注意しましょう。

トントンまえ

となえうた

子どもを並ばせるときに便利なあそびです。

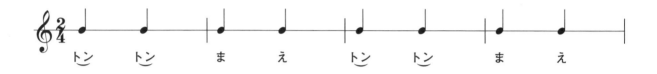

トン　トン　まえ　　トン　トン　まえ

トン　トン　「○　○」　　トン　トン　「○　○」

あそびかた

「♪トントン」で2回手拍子をします。　「♪まえ」で両手を前に出します。これを基本とし、「♪トントン○○」の○○の部分にいろいろなものを入れて、保育者がそのポーズをし、子どもたちは保育者のポーズを真似します。

♪ トントン

♪ まえ

（2回くりかえします）

（2回手拍子）

いろいろなポーズ

♪ メガネ

♪ おへそ

♪ うさぎ

♪ シュワッチ

♪ おっぱい

♪ てんぐ

★これ以外にも、「おしり」「カラス」「おひざ」「だっこ」など、いろいろなポーズを考えてみましょう。

もうじゅうがり

となえうた

もうじゅうがりに いこう

もうじゅうがりに いこう

もうじゅうなん て こわくない

もうじゅうなん て こわくない

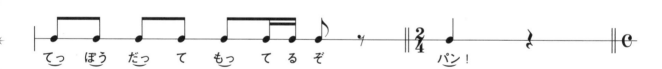

てっ ぽう だっ て もっ てるぞ

パン！

や り だっ て もっ てるぞ

イェ！

① 子どもたちは、自由にバラバラに立っています。みんなでとなえうたを歌い、歌い終わったところで保育者が「クマ！」「キリン！」などと、動物の名前をいいます。

② 子どもたちは、その動物の文字の数だけ、それぞれ集まります。
（ex.クマ、サル→ふたり、キリン、パンダ→3人、ライオン→4人、ガラガラヘビ→6人）

16 笑い声コーラス

作詞／作曲：井上明美

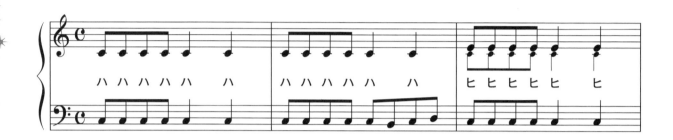

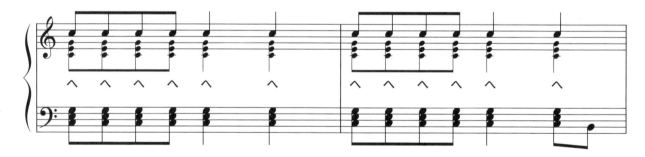

笑い声で歌って、みんなでコーラスを楽しみます。

子どもたちを数人ずつ、ハ組、ヒ組、フ組、ヘ組、ホ組と五組に分けます。歌に合わせて、ハ組→ドの音、ヒ組→ミの音、フ組→ソの音、ヘ組→高いドの音を歌い、ホ組はドシラソファミレドと上から下に下がるように歌い、みんなでコーラスをします。
ホ組以外は、各パートとも自分のパートがスタートしたら、最後まで同じメロディーと言葉を歌います。

! **ア**ドバイス
他のパートにつられないように、各組ずつよくパート練習してからみんなで合わせるといいでしょう。

●編著者

井上 明美（いのうえ あけみ）

国立音楽大学教育音楽学科幼児教育専攻卒業。卒業後は、㈱ベネッセコーポレーション勤務。在籍中は、しまじろうのキャラクターでおなじみの『こどもちゃれんじ』の編集に創刊時より携わり、音楽コーナーを確立する。退職後は、音楽プロデューサー・編集者として、音楽ビデオ、CD、CDジャケット、書籍、月刊誌、教材など、さまざまな媒体の企画制作、編集に携わる。
2000年に編集プロダクション アディインターナショナルを設立。主な業務は、教育・音楽・英語系の企画編集。同社代表取締役。http://www.ady.co.jp
同時に、アディミュージックスクールを主宰する。http://www.ady.co.jp/music-school
著書に、『かわいく たのしい カードシアター』、『話題作・名作で楽しむ劇あそび特選集』、『ヒット曲＆人気曲でかんたんリトミック』（いずれも自由現代社）、『脳と心を育む、親子のふれあい音楽あそびシリーズ』＜リズムあそび、音感あそび、声まね・音まねあそび、楽器づくり、音のゲームあそび＞（ヤマハミュージックエンタテインメント）他、多数。

●情報提供

学校法人 東京吉田学園 久留米神明幼稚園／小林由利子　齊藤和美　富澤くるみ　西川綾の　安部美紀

●編集協力

大門久美子（アディインターナショナル）　新田 操

●イラスト作成

太中トシヤ

●デザイン作成

軽部恭子

使える！保育のあそびネタ集　ゲームあそび編 ——————— 定価（本体1300円＋税）

編著者————————井上明美（いのうえあけみ）
表紙デザイン————オングラフィクス
発行日————————2023年5月30日
編集人————————真崎利夫
発行人————————竹村欣治
発売元————————株式会社自由現代社
　　　　　　　　　　〒171-0033　東京都豊島区高田3-10-10-5F
　　　　　　　　　　TEL03-5291-6221/FAX03-5291-2886
　　　　　　　　　　振替口座 00110-5-45925

ホームページ————http://www.j-gendai.co.jp

●本書で使用した楽曲は、内容・主旨に合わせたアレンジによって、原曲と異なる又は省略されている箇所がある場合がございます。予めご了承ください。
●無断転載、複製は固くお断りします。●万一、乱丁・落丁の際はお取り替え致します。